Impressum
Verlag: BABADADA GmbH, Nedderfeld 112 , 22529 Hamburg
Geschäftsführer / Verlagsleitung: Harald Hof
Druck: Books on Demand GmbH, In de Tarpen 42, 22848 Norderstedt

Imprint
Publisher: BABADADA GmbH, Nedderfeld 112 , 22529 Hamburg, Germany
Managing Director / Publishing direction: Harald Hof
Print: Books on Demand GmbH, In de Tarpen 42, 22848 Norderstedt

okul
Schule

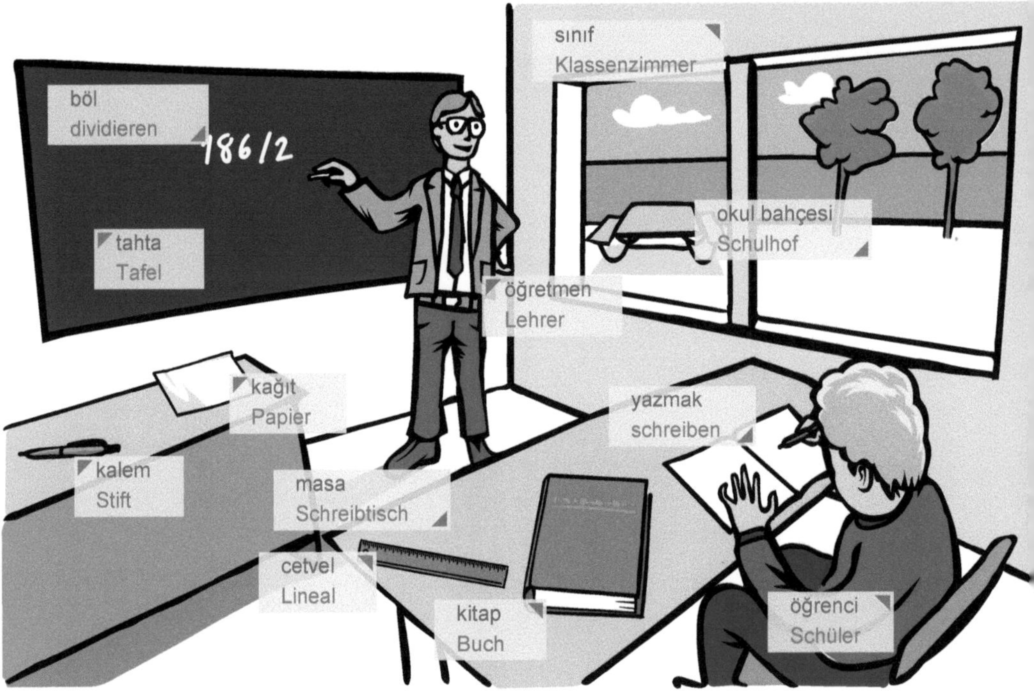
sınıf
Klassenzimmer
böl
dividieren
186/2
tahta
Tafel
okul bahçesi
Schulhof
öğretmen
Lehrer
kağıt
Papier
yazmak
schreiben
kalem
Stift
masa
Schreibtisch
cetvel
Lineal
kitap
Buch
öğrenci
Schüler

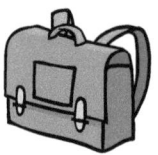

okul çantası

Ranzen

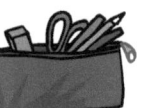

kalemlik

Federmappe

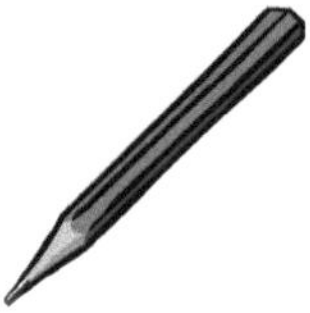

kurşun kalem

Bleistift

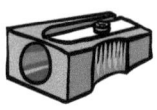

kalem açacağı

Bleistiftanspitzer

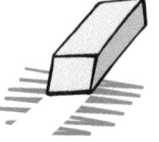

silgi

Radiergummi

çizim defteri

Zeichenblock

çizim
Zeichnung

resim fırçası
Pinsel

boya kutusu
Malkasten

makas
Schere

tutkal
Klebstoff

alıştırma kitabı
Übungsheft

ödev
Hausaufgabe

12

sayı
Zahl

2+2

ekle
addieren

5-2

çıkar
subtrahieren

2×2

çarp
multiplizieren

hesapla
rechnen

A

harf
Buchstabe

ABCDEFG
HIJKLMN
OPQRSTU
VWXYZ

alfabe
Alphabet

hello

kelime
Wort

metin

Text

okumak

lesen

tebeşir

Kreide

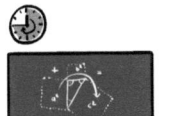

ders

Stunde

kayıt

Klassenbuch

sınav

Prüfung

sertifika

Zeugnis

okul forması

Schuluniform

eğitim

Ausbildung

ansiklopedi

Lexikon

üniversite

Universität

mikroskop

Mikroskop

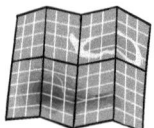

harita

Karte

kağıt çöp kutusu

Papierkorb

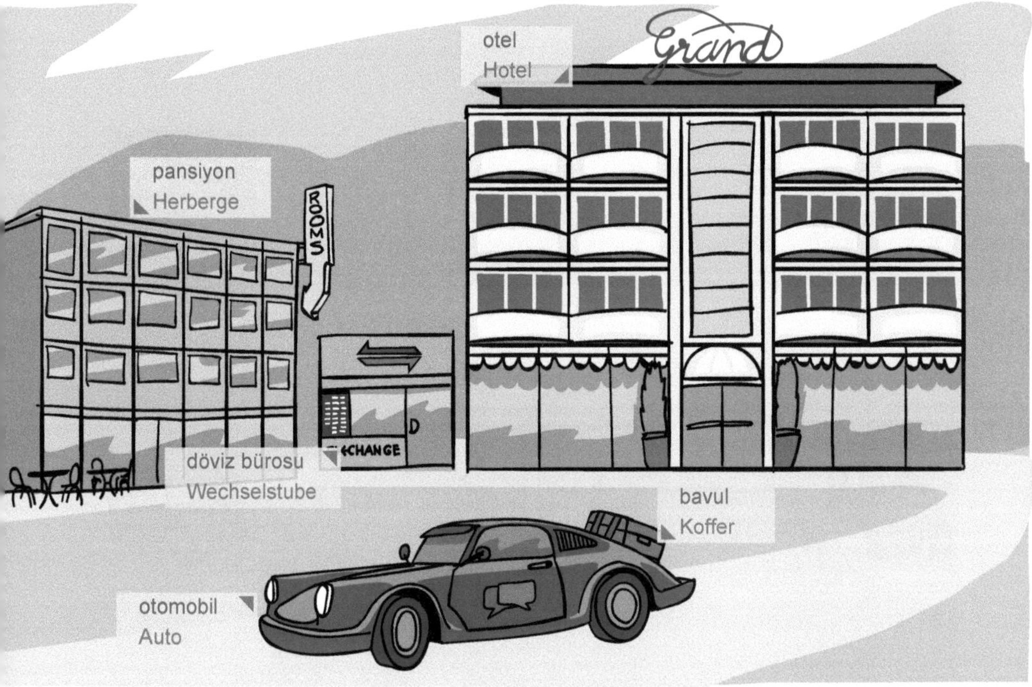
otel
Hotel
Grand
pansiyon
Herberge
ROOMS
döviz bürosu
Wechselstube
EXCHANGE
bavul
Koffer
otomobil
Auto

dil
Sprache

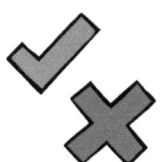

evet / hayır
ja / nein

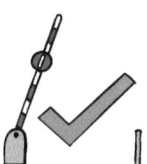

Tamam
Okay

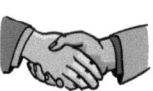

merhaba
Hallo

çevirmen
Übersetzer

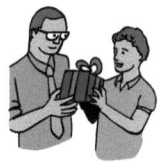

Teşekkür ederim
Danke

bu ... ne kadar?

Was kostet...?

anlamadım

Ich verstehe nicht

problem

Problem

İyi akşamlar!

Guten Abend!

Günaydın!

Guten Morgen!

İyi geceler!

Gute Nacht!

güle güle

Auf Wiedersehen

yön

Richtung

bagaj

Gepäck

çanta

Tasche

sırt çantası

Rucksack

misafir

Gast

oda

Zimmer

uyku tulumu

Schlafsack

çadır

Zelt

turist danışma

Touristeninformation

sahil

Strand

kredi kartı

Kreditkarte

kahvaltı

Frühstück

öğle yemeği

Mittagessen

akşam yemeği

Abendessen

Bilet

Fahrkarte

asansör

Fahrstuhl

pul

Briefmarke

sınır

Grenze

gümrük

Zoll

elçilik

Botschaft

vize

Visum

pasaport

Pass

ulaşım

Transport

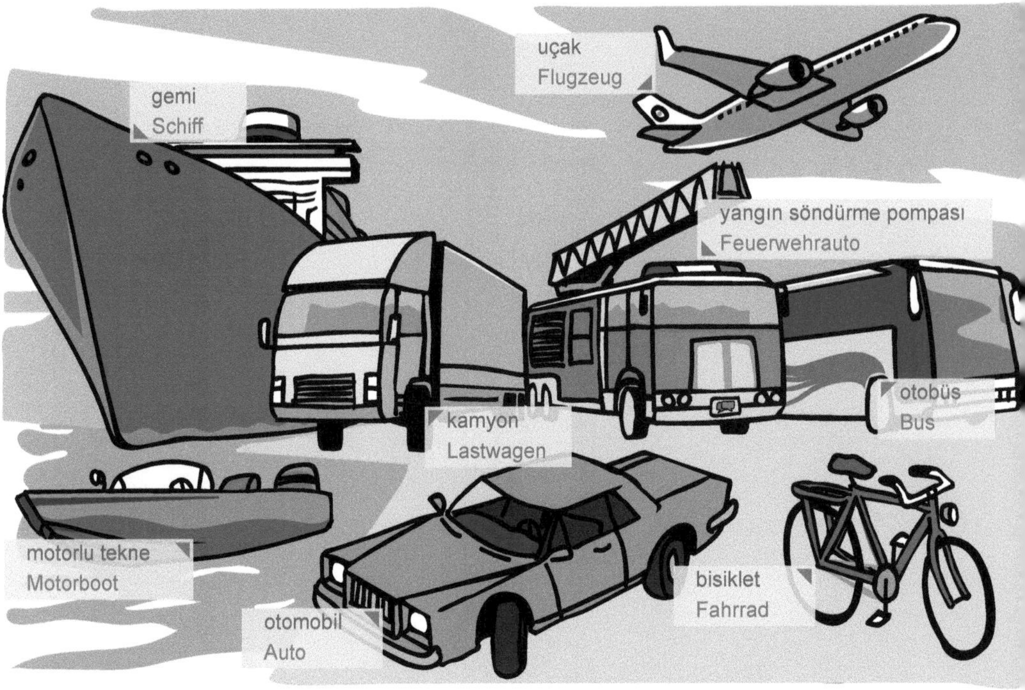

uçak
Flugzeug
gemi
Schiff
yangın söndürme pompası
Feuerwehrauto
kamyon
Lastwagen
otobüs
Bus
motorlu tekne
Motorboot
bisiklet
Fahrrad
otomobil
Auto

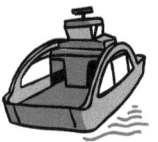

feribot

Fähre

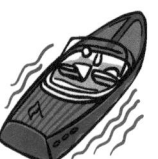

bot

Boot

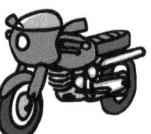

motosiklet

Motorrad

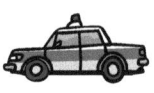

polis arabası

Polizeiauto

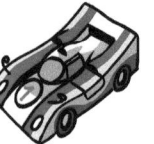

yarış arabası

Rennauto

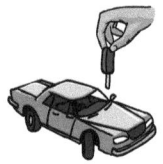

kiralık araba

Mietwagen

ortak araba

Carsharing

çekici

Abschleppwagen

çöp kamyonu

Müllauto

motor

Motor

yakıt

Kraftstoff

benzinlik

Tankstelle

trafik işareti

Verkehrsschild

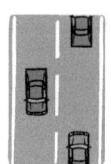

trafik

Verkehr

trafik sıkışıklığı

Stau

otopark

Parkplatz

tren istasyonu

Bahnhof

ray

Schienen

tren

Zug

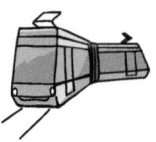

tramvay

Straßenbahn

vagon

Wagon

helikopter
Helikopter

havaalanı
Flughafen

kule
Tower

yolcu
Passagier

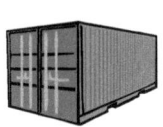

konteyner
Container

koli
Karton

yük arabası
Karren

sepet
Korb

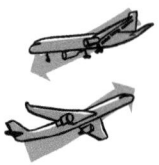

kalkış / iniş
starten / landen

şehir
Stadt

köy
Dorf

şehir merkezi
Stadtzentrum

ev
Haus

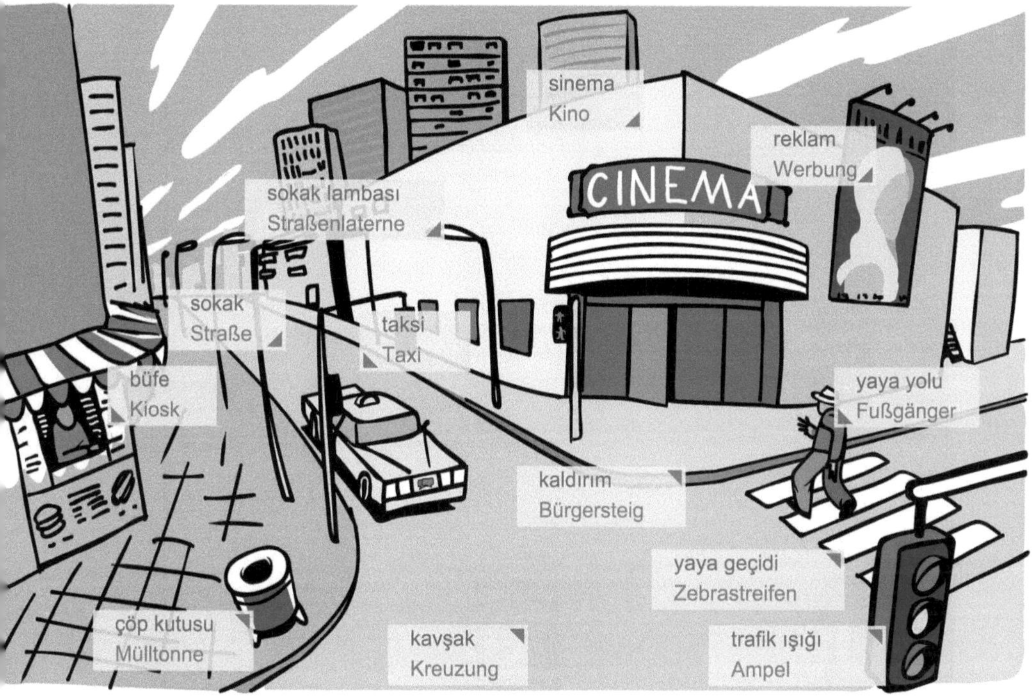
sinema
Kino
reklam
Werbung
CINEMA
sokak lambası
Straßenlaterne
sokak
Straße
taksi
Taxi
büfe
Kiosk
yaya yolu
Fußgänger
kaldırım
Bürgersteig
yaya geçidi
Zebrastreifen
çöp kutusu
Mülltonne
kavşak
Kreuzung
trafik ışığı
Ampel

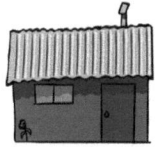

kulübe

Hütte

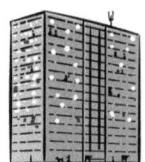

apartman dairesi

Wohnung

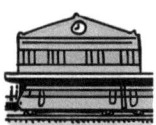

tren istasyonu

Bahnhof

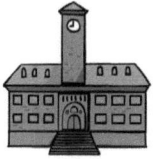

belediye binası

Rathaus

MUSEUM

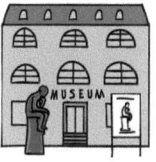

müze

Museum

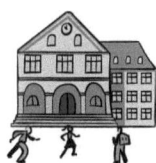

okul

Schule

üniversite
Universität

banka
Bank

hastane
Krankenhaus

otel
Hotel

eczane
Apotheke

ofis
Büro

kitapçı
Buchhandlung

mağaza
Geschäft

çiçekçi
Blumenladen

süpermarket
Supermarkt

market
Markt

büyük mağaza
Kaufhaus

balık satıcısı
Fischhändler

alışveriş merkezi
Einkaufszentrum

liman
Hafen

park
Park

bank
Bank

köprü
Brücke

merdiven
Treppe

metro
U-Bahn

tünel
Tunnel

otobüs durağı
Bushaltestelle

bar
Bar

restoran
Restaurant

posta kutusu
Briefkasten

sokak tabelası
Straßenschild

otopark sayacı
Parkuhr

hayvanat bahçesi
Zoo

yüzme havuzu
Badeanstalt

cami
Moschee

çiftlik

Bauernhof

kirlilik

Umweltverschmutzung

mezarlık

Friedhof

kilise

Kirche

oyun alanı

Spielplatz

tapınak

Tempel

arazi
Landschaft

yaprak
Blatt

yön tabelası
Wegweiser

yol
Weg

çayır
Wiese

taş
Stein

ağaç
Baum

yürüyüşçü
Wanderer

ırmak
Fluss

çimen
Gras

çiçek
Blume

vadi

Tal

tepe

Berg

göl

See

orman

Wald

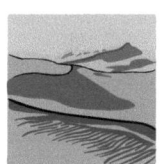

çöl

Wüste

volkan

Vulkan

kale

Schloss

gökkuşağı

Regenbogen

mantar

Pilz

palmiye

Palme

sivrisinek

Moskito

sinek

Fliege

karınca

Ameise

arı

Biene

örümcek

Spinne

böcek

Käfer

kurbağa

Frosch

sincap

Eichhörnchen

kirpi

Igel

yabani tavşan

Hase

baykuş

Eule

kuş

Vogel

kuğu

Schwan

yaban domuzu

Wildschwein

geyik

Hirsch

geyik

Elch

baraj

Staudamm

rüzgar türbini

Windrad

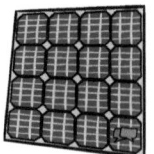

güneş paneli

Solarmodul

iklim

Klima

restoran
Restaurant

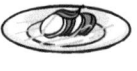

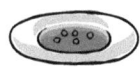

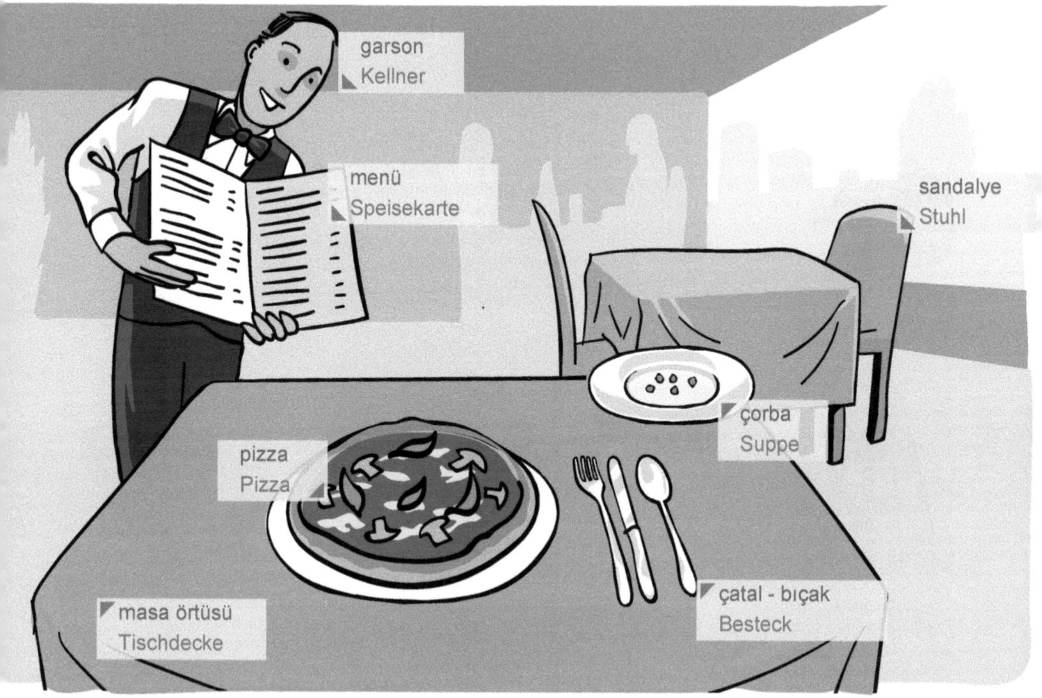
garson
Kellner
menü
Speisekarte
sandalye
Stuhl
çorba
Suppe
pizza
Pizza
masa örtüsü
Tischdecke
çatal - bıçak
Besteck

başlangıç

Vorspeise

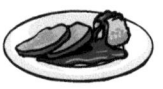

ana yemek

Hauptgericht

tatlı

Nachspeise

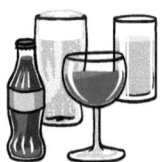

içecekler

Getränke

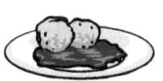

yemek

Essen

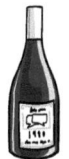

şişe

Flasche

fastfood

Fastfood

sokak yemeği

Streetfood

çaydanlık

Teekanne

şekerlik

Zuckerdose

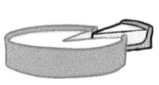

porsiyon

Portion

espresso makinesi

Espressomaschine

mama sandalyesi

Hochstuhl

fatura

Rechnung

tepsi

Tablett

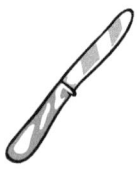

bıçak

Messer

çatal

Gabel

kaşık

Löffel

çay kaşığı

Teelöffel

servis peçetesi

Serviette

bardak

Glas

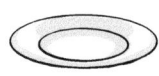

tabak

Teller

çorba kasesi

Suppenteller

fincan altlığı

Untertasse

sos

Sauce

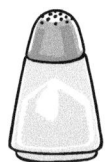

tuzluk

Salzstreuer

karabiber değirmeni

Pfeffermühle

sirke

Essig

yağ

Öl

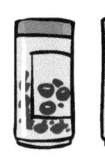

baharat

Gewürze

ketçap

Ketchup

hardal

Senf

mayonez

Mayonnaise

süpermarket
Supermarkt

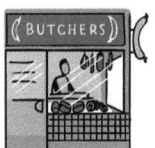

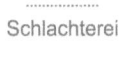

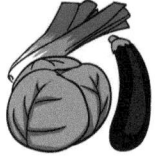

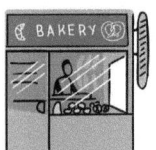

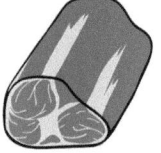

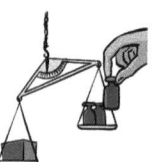

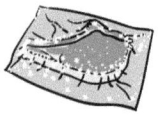

özel teklif
Angebot
FOR
müşteri
Kunde
süt ürünleri
Milchprodukte
meyve
Obst
alışveriş arabası
Einkaufswagen

BUTCHERS

kasap

Schlachterei

BAKERY

fırın

Bäckerei

tartmak

wiegen

sebze

Gemüse

et

Fleisch

donmuş gıda

Tiefkühlkost

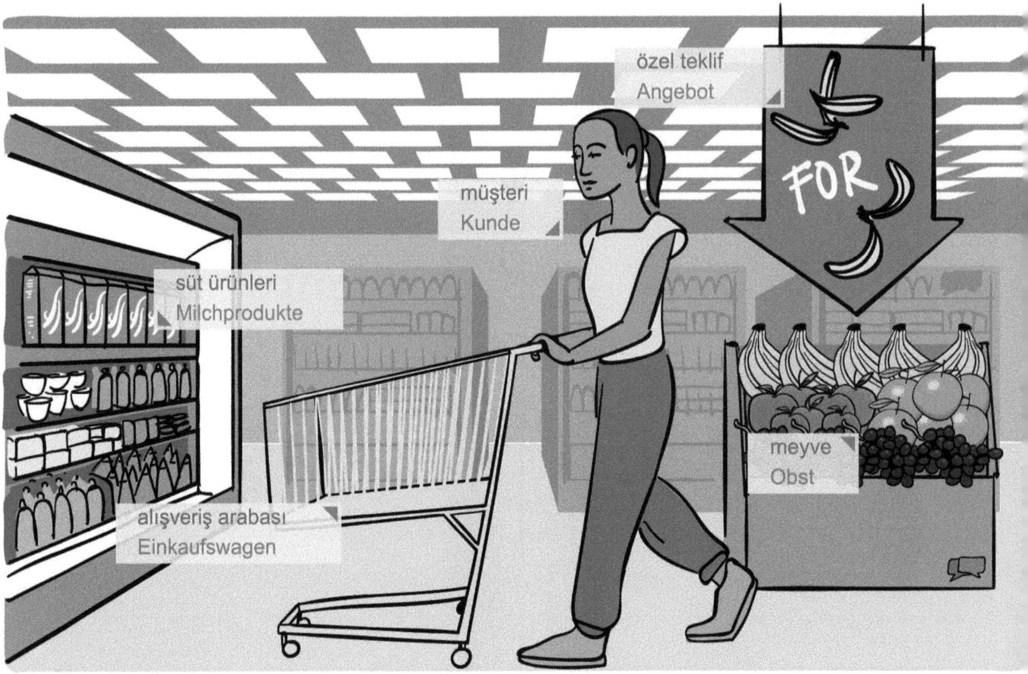

söğüş et

Aufschnitt

konserve yiyecek

Konserven

toz deterjan

Waschmittel

şekerlemeler

Süßigkeiten

ev temizlik ürünleri

Haushaltsartikel

temizlik ürünleri

Reinigungsmittel

satış görevlisi

Verkäuferin

yazar kasa

Kasse

kasiyer

Kassierer

alışveriş listesi

Einkaufsliste

açılış saatleri

Öffnungszeiten

cüzdan

Brieftasche

kredi kartı

Kreditkarte

çanta

Tasche

plastik poşet

Plastiktüte

su

Wasser

meyve suyu

Saft

süt

Milch

kola

Cola

şarap

Wein

bira

Bier

alkol

Alkohol

kakao

Kakao

çay

Tee

kahve

Kaffee

espresso

Espresso

kapuçino

Cappuccino

muz

Banane

elma

Apfel

portakal

Orange

kavun

Melone

limon

Zitrone

havuç

Karotte

sarımsak

Knoblauch

bambu

Bambus

soğan

Zwiebel

mantar

Pilz

çerez

Nüsse

makarna

Nudeln

spagetti

Spaghetti

pirinç

Reis

salata

Salat

cips

Pommes frites

patates kızartması

Bratkartoffeln

pizza

Pizza

hamburger

Hamburger

sandviç

Sandwich

şinitzel

Schnitzel

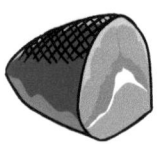

pastırma

Schinken

salam

Salami

sosis

Wurst

tavuk

Huhn

rosto

Braten

balık

Fisch

yulaf ezmesi

Haferflocken

müsli

Müsli

mısır gevreği

Cornflakes

un

Mehl

kruvasan

Croissant

küçük ekmek

Brötchen

ekmek

Brot

tost

Toast

bisküvi

Kekse

tereyağı

Butter

kaymak

Quark

kek

Kuchen

yumurta

Ei

sahanda yumurta

Spiegelei

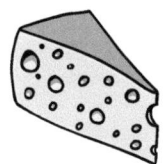

peynir

Käse

dondurma

Eiscreme

şeker

Zucker

bal

Honig

reçel

Marmelade

fındık ezmesi

Nougat-Creme

köri

Curry

çiftlik
Bauernhof

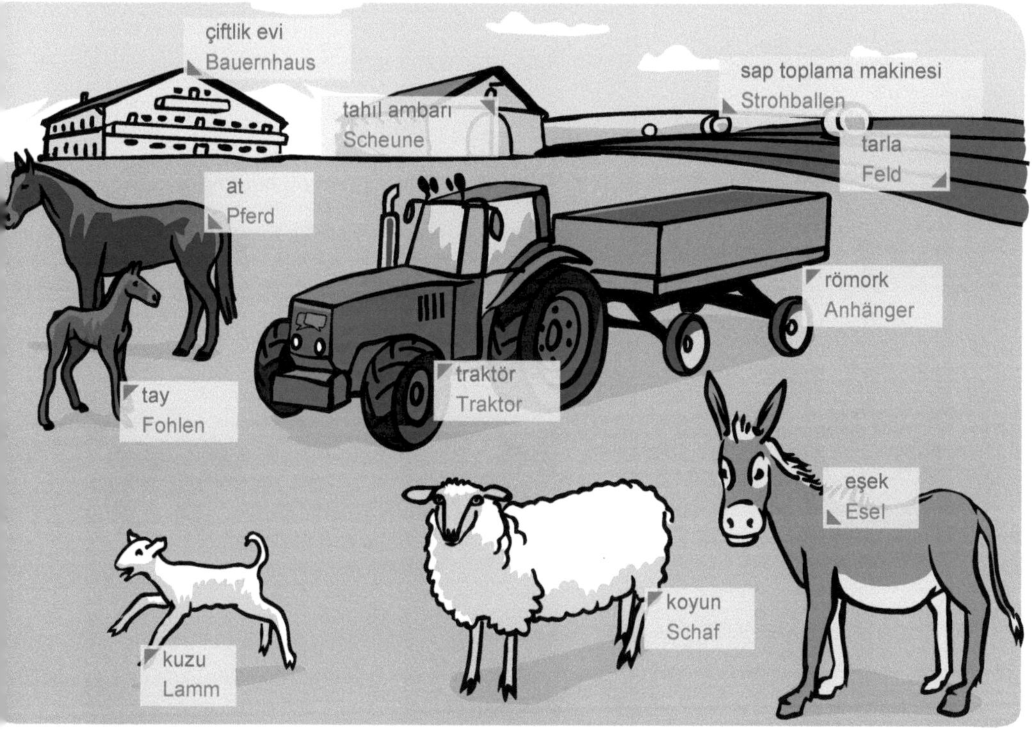
çiftlik evi
Bauernhaus
tahıl ambarı
Scheune
sap toplama makinesi
Strohballen
tarla
Feld
at
Pferd
römork
Anhänger
traktör
Traktor
tay
Fohlen
eşek
Esel
koyun
Schaf
kuzu
Lamm

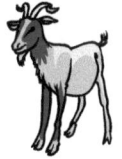

keçi

Ziege

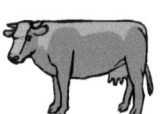

inek

Kuh

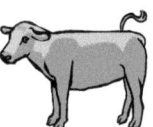

buzağı

Kalb

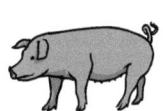

domuz

Schwein

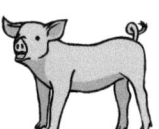

domuz yavrusu

Ferkel

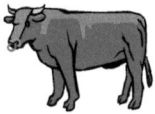

boğa

Bulle

kaz

Gans

ördek

Ente

civciv

Küken

tavuk

Huhn

horoz

Hahn

sıçan

Ratte

kedi

Katze

fare

Maus

öküz

Ochse

köpek

Hund

köpek kulübesi

Hundehütte

bahçe hortumu

Gartenschlauch

sulama kabı

Gießkanne

tırpan

Sense

pulluk

Pflug

orak
Sichel

çapa
Hacke

dirgen
Mistgabel

balta
Axt

el arabası
Schubkarre

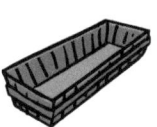

yemlik
Trog

süt kovası
Milchkanne

çuval
Sack

çit
Zaun

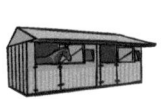

ahır
Stall

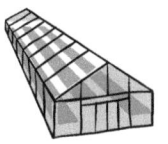

sera
Treibhaus

toprak
Boden

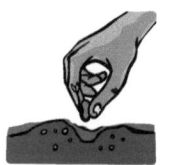

tohum
Saat

gübre
Dünger

biçerdöver
Mähdrescher

hasat etmek

ernten

harman

Ernte

tatlı patates

Yamswurzel

buğday

Weizen

soya

Soja

patates

Kartoffel

mısır

Mais

kolza

Raps

meyve ağacı

Obstbaum

manyok

Maniok

hububat

Getreide

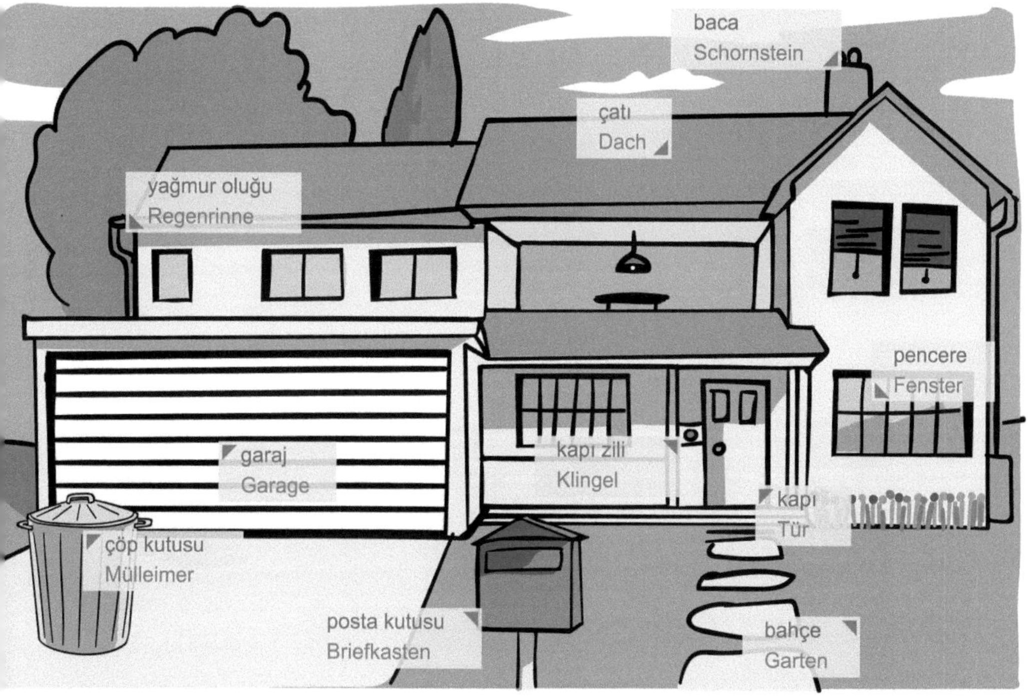

baca
Schornstein

çatı
Dach

yağmur oluğu
Regenrinne

pencere
Fenster

garaj
Garage

kapı zili
Klingel

kapı
Tür

çöp kutusu
Mülleimer

posta kutusu
Briefkasten

bahçe
Garten

oturma odası

Wohnzimmer

banyo

Badezimmer

mutfak

Küche

yatak odası

Schlafzimmer

çocuk odası

Kinderzimmer

yemek odası

Esszimmer

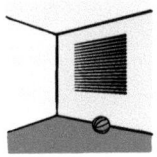

zemin

Boden

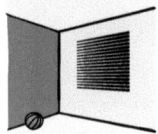

duvar

Wand

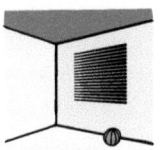

tavan

Decke

kiler

Keller

sauna

Sauna

balkon

Balkon

teras

Terrasse

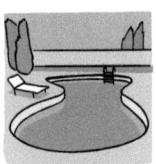

havuz

Schwimmbad

çim biçme makinesi

Rasenmäher

çarşaf

Bettbezug

yatak örtüsü

Bettdecke

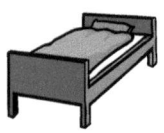

yatak

Bett

süpürge

Besen

kova

Eimer

anahtar

Schalter

oturma odası
Wohnzimmer

duvar kağıdı
Tapete
resim
Bild
lamba
Lampe
raf
Regal
dolap
Schrank
televizyon
Fernseher
şömine
Kamin
çiçek
Blume
minder
Kissen
kanepe
Sofa
vazo
Vase
uzaktan kumanda
Fernbedienung

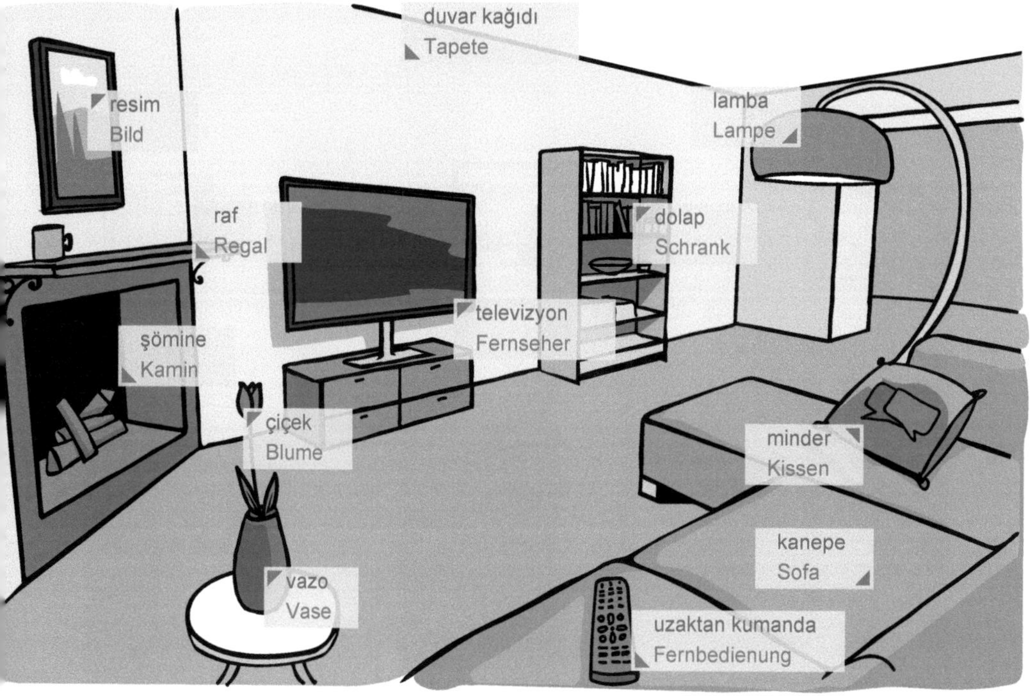

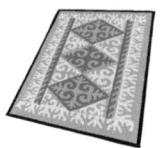

halı
Teppich

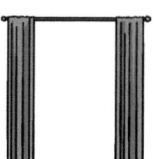

perde
Vorhang

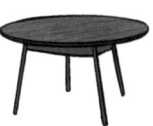

masa
Tisch

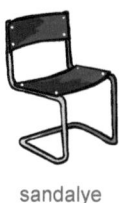

sandalye
Stuhl

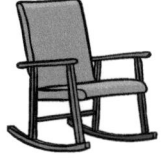

salıncaklı koltuk
Schaukelstuhl

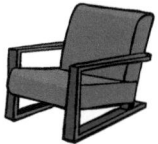

koltuk
Sessel

kitap
Buch

battaniye
Decke

dekor
Dekoration

odun
Feuerholz

film
Film

hi-fi
Stereoanlage

anahtar
Schlüssel

gazete
Zeitung

tablo
Gemälde

poster
Poster

radyo
Radio

defter
Notizblock

elektrikli süpürge
Staubsauger

kaktüs
Kaktus

mum
Kerze

oturma odası - Wohnzimmer

mutfak
Küche

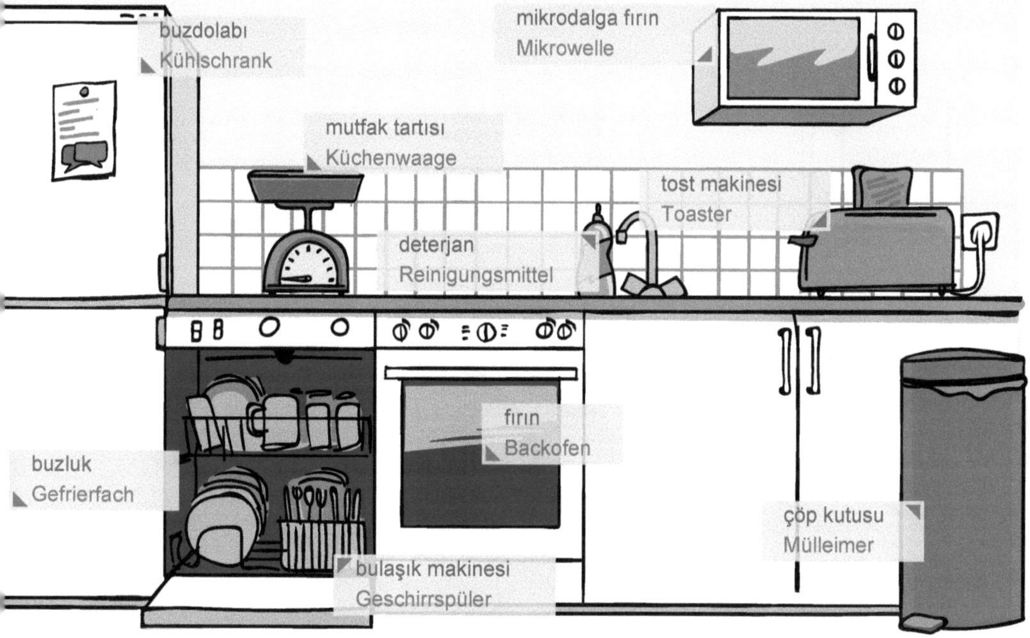

buzdolabı
Kühlschrank
mikrodalga fırın
Mikrowelle
mutfak tartısı
Küchenwaage
tost makinesi
Toaster
deterjan
Reinigungsmittel
fırın
Backofen
buzluk
Gefrierfach
çöp kutusu
Mülleimer
bulaşık makinesi
Geschirrspüler

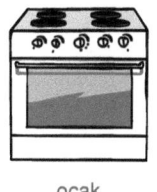

ocak
Herd

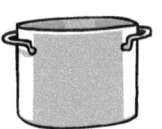

tencere
Topf

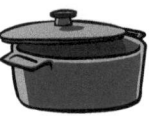

döküm tencere
Eisentopf

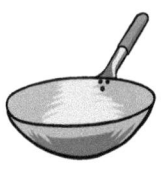

wok
Wok / Kadai

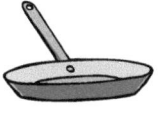

tava
Pfanne

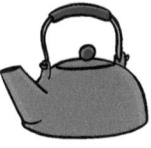

su ısıtıcı
Wasserkocher

buharlı pişirici

Dampfgarer

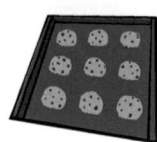

pişirme tepsisi

Backblech

tabak takımı

Geschirr

kupa

Becher

kase

Schale

çubuk (çin yemeği)

Essstäbchen

kepçe

Suppenkelle

spatula

Pfannenwender

çırpma teli

Schneebesen

süzgeç

Kochsieb

elek

Sieb

rende

Reibe

havan

Mörser

barbekü

Grill

açık ateş

Feuerstelle

mutfak - Küche

kesme tahtası

Schneidebrett

merdane

Nudelholz

tirbüşon

Korkenzieher

konserve kutusu

Dose

konserve açacağı

Dosenöffner

fırın eldiveni

Topflappen

evye

Waschbecken

fırça

Bürste

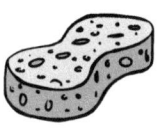

sünger

Schwamm

blender

Mixer

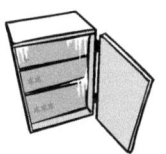

derin dondurucu

Gefriertruhe

biberon

Babyflasche

musluk

Wasserhahn

banyo
Badezimmer

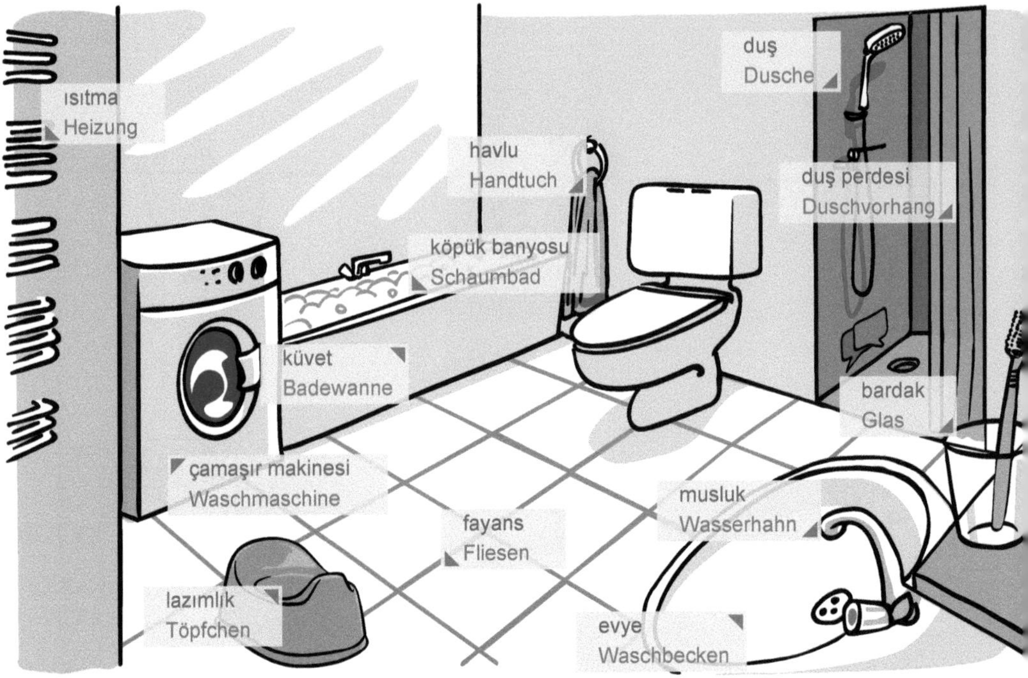

ısıtma
Heizung
duş
Dusche
havlu
Handtuch
duş perdesi
Duschvorhang
köpük banyosu
Schaumbad
küvet
Badewanne
bardak
Glas
çamaşır makinesi
Waschmaschine
musluk
Wasserhahn
fayans
Fliesen
lazımlık
Töpfchen
evye
Waschbecken

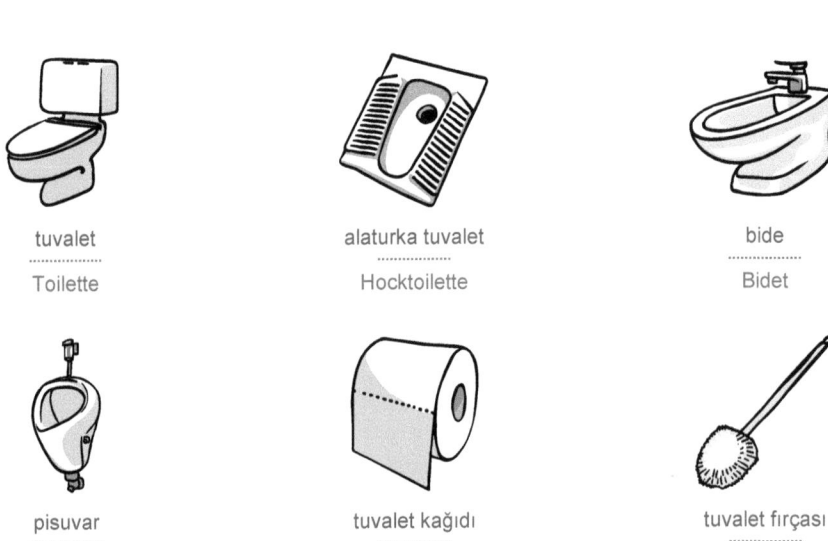

tuvalet
Toilette

alaturka tuvalet
Hocktoilette

bide
Bidet

pisuvar
Pissoir

tuvalet kağıdı
Toilettenpapier

tuvalet fırçası
Toilettenbürste

diş fırçası

Zahnbürste

diş macunu

Zahnpasta

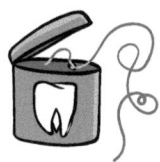

diş ipi

Zahnseide

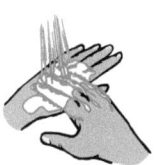

yıkamak

waschen

duş başlığı

Handbrause

duş başlığı şeklinde taharet musluğu

Intimdusche

küvet

Waschschüssel

banyo fırçası

Rückenbürste

sabun

Seife

duş jeli

Duschgel

şampuan

Shampoo

banyo lifi

Waschlappen

gider

Abfluss

krem

Creme

deodorant

Deodorant

ayna

Spiegel

el aynası

Kosmetikspiegel

jilet

Rasierer

tıraş köpüğü

Rasierschaum

tıraş losyonu

Rasierwasser

tarak

Kamm

fırça

Bürste

saç kurutma makinesi

Föhn

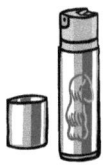

saç spreyi

Haarspray

makyaj

Makeup

ruj

Lippenstift

tırnak cilası

Nagellack

pamuk

Watte

tırnak makası

Nagelschere

parfüm

Parfum

banyo - Badezimmer

makyaj çantası

Kulturbeutel

tabure

Hocker

tartı

Waage

bornoz

Bademantel

lastik eldiven

Gummihandschuhe

tampon

Tampon

kadın pedi

Damenbinde

kimyevi tuvalet

Chemietoilette

çocuk odası
Kinderzimmer

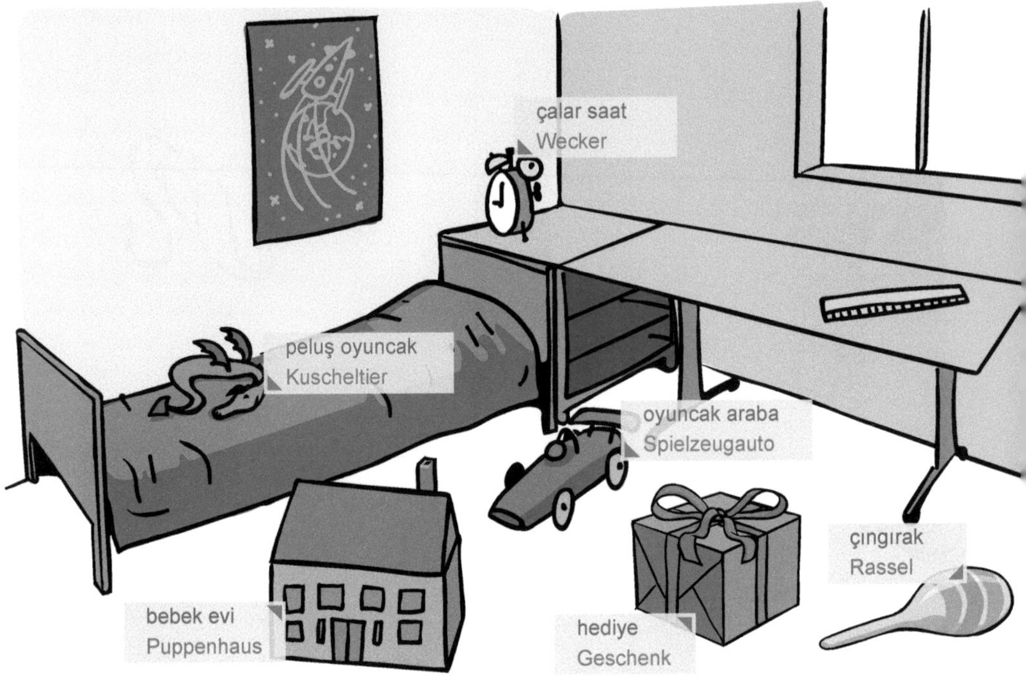
çalar saat
Wecker
peluş oyuncak
Kuscheltier
oyuncak araba
Spielzeugauto
çıngırak
Rassel
bebek evi
Puppenhaus
hediye
Geschenk

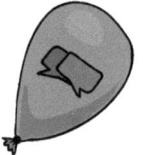

balon

Ballon

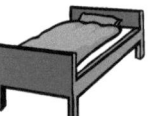

yatak

Bett

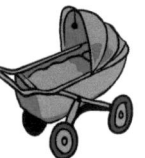

bebek arabası

Kinderwagen

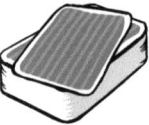

kart destesi

Kartenspiel

yapboz

Puzzle

SUPER MEGA

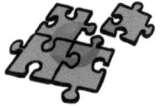

çizgi roman

Comic

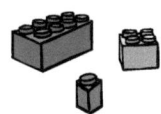

lego tuğlaları

Legosteine

lego blokları

Bausteine

aksiyon figürü

Action Figur

zıbın

Strampelanzug

frizbi

Frisbee

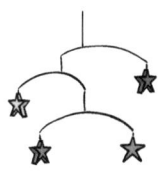

dönence

Mobile

masa oyunu

Brettspiel

zar

Würfel

model tren seti

Modelleisenbahn

emzik

Schnuller

parti

Party

resimli kitap

Bilderbuch

top

Ball

oyuncak bebek

Puppe

oynamak

spielen

kum havuzu

Sandkasten

salıncak

Schaukel

oyuncaklar

Spielzeug

video oyun konsolu

Spielkonsole

üç tekerlekli bisiklet

Dreirad

oyuncak ayı

Teddy

gardırop

Kleiderschrank

kıyafet

Kleidung

çorap

Socken

külotlu çorap

Strümpfe

tayt

Strumpfhose

eşarp
Schal

şemsiye
Regenschirm

kemer
Gürtel

tişört
T-Shirt

bot
Stiefel

terlik
Hausschuhe

spor ayakkabı
Turnschuhe

sandalet
Sandalen

ayakkabı
Schuhe

lastik çizme
Gummistiefel

külot
Unterhose

sütyen
Büstenhalter

yelek
Unterhemd

kıyafet - Kleidung

45

dar bluz

Body

pantolon

Hose

kot pantolon

Jeans

etek

Rock

bluz

Bluse

gömlek

Hemd

kazak

Pullover

süveter

Kapuzenpullover

blazer

Blazer

ceket

Jacke

mont

Mantel

yağmurluk

Regenmantel

kostüm

Kostüm

elbise

Kleid

gelinlik

Hochzeitskleid

takım elbise

Anzug

gecelik

Nachthemd

pijama

Schlafanzug

sari

Sari

baş örtüsü

Kopftuch

türban

Turban

burka

Burka

kaftan

Kaftan

çarşaf

Abaya

mayo

Badeanzug

erkek mayosu

Badehose

şort

Kurze Hose

eşofman

Trainingsanzug

önlük

Schürze

eldiven

Handschuhe

düğme

Knopf

gözlük

Brille

bilezik

Armband

kolye

Halskette

yüzük

Ring

küpe

Ohrring

kep

Mütze

portmanto

Kleiderbügel

şapka

Hut

kravat

Krawatte

fermuar

Reißverschluss

kask

Helm

pantolon askısı

Hosenträger

okul forması

Schuluniform

üniforma

Uniform

kıyafet - Kleidung

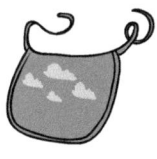

mama önlüğü

Lätzchen

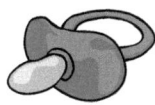

emzik

Schnuller

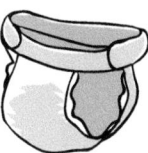

bebek bezi

Windel

ofis

Büro

sunucu
Server
dosya dolabı
Aktenschrank
kağıt
Papier
yazıcı
Drucker
monitör
Monitor
masa
Schreibtisch
fare
Maus
klasör
Ordner
klavye
Tastatur
kağıt çöp kutusu
Papierkorb
bilgisayar
Computer
sandalye
Stuhl

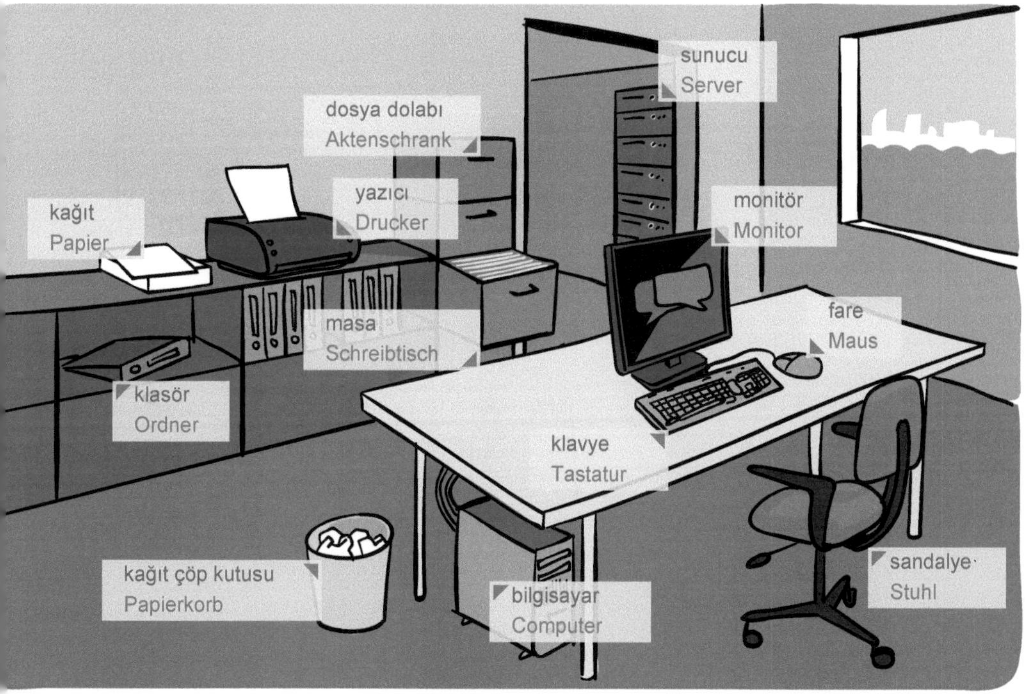

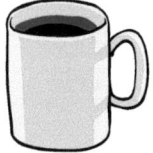

kahve fincanı

Kaffeebecher

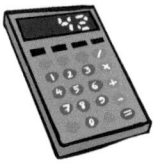

hesap makinesi

Taschenrechner

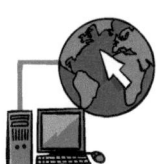

internet

Internet

dizüstü

Laptop

mektup

Brief

mesaj

Nachricht

cep telefonu

Handy

ağ

Netzwerk

fotokopi makinesi

Kopierer

yazılım

Software

telefon

Telefon

priz

Steckdose

faks makinesi

Fax

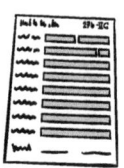

form

Formular

belge

Dokument

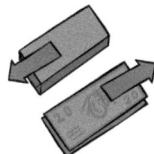

satın almak

kaufen

ödemek

bezahlen

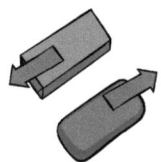

ticaret yapmak

handeln

para

Geld

dolar

Dollar

avro

Euro

yen

Yen

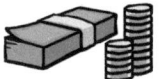

ruble

Rubel

İsviçre frangı

Franken

Çin yuanı

Renminbi Yuan

rupi

Rupie

kasa

Geldautomat

döviz bürosu

Wechselstube

altın

Gold

gümüş

Silber

petrol

Öl

enerji

Energie

fiyat

Preis

kontrat

Vertrag

vergi

Steuer

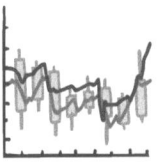

menkul değer

Aktie

çalışmak

arbeiten

işveren

Angestellter

işçi

Arbeitgeber

fabrika

Fabrik

mağaza

Geschäft

meslekler
Berufe

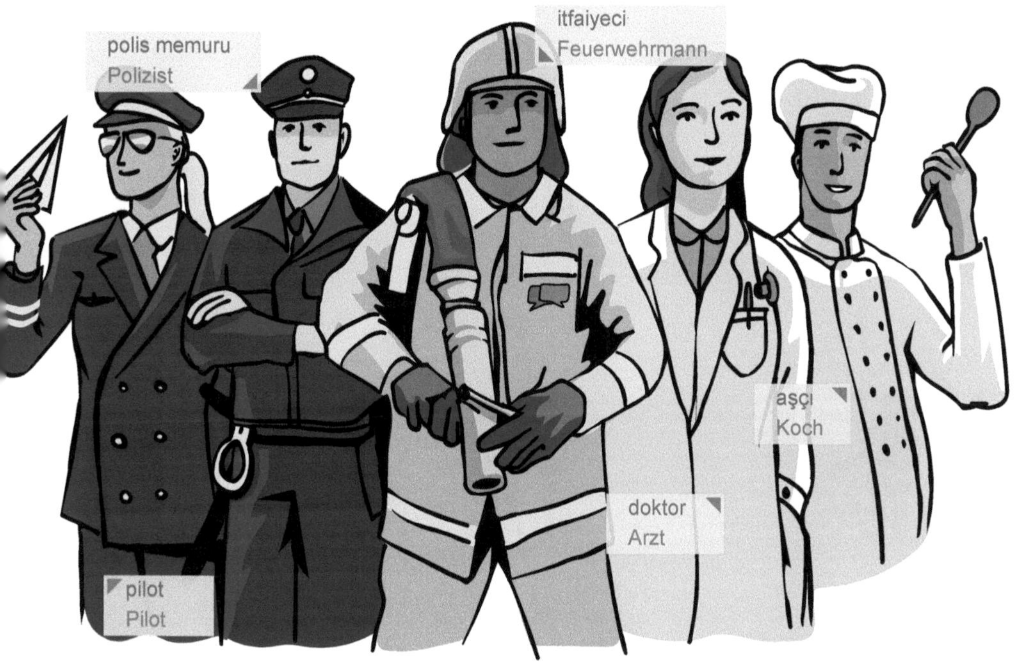
itfaiyeci
Feuerwehrmann
polis memuru
Polizist
aşçı
Koch
doktor
Arzt
pilot
Pilot

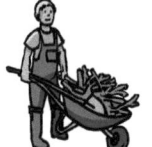

bahçıvan

Gärtner

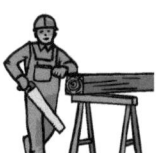

marangoz

Tischler

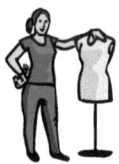

terzi

Näherin

hakim

Richter

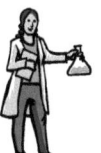

kimyager

Chemiker

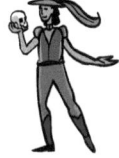

aktör

Schauspieler

otobüs şoförü

Busfahrer

taksi şoförü

Taxifahrer

balıkçı

Fischer

temizlikçi

Putzfrau

çatı ustası

Dachdecker

garson

Kellner

avcı

Jäger

boyacı

Maler

fırıncı

Bäcker

elektrikçi

Elektriker

inşaatçı

Bauarbeiter

mühendis

Ingenieur

kasap

Schlachter

muslukçu

Klempner

postacı

Postbote

asker
Soldat

mimar
Architekt

kasiyer
Kassierer

çiçekçi
Florist

kuaför
Friseur

kondüktör
Schaffner

tamirci
Mechaniker

kaptan
Kapitän

dişçi
Zahnarzt

bilim insanı
Wissenschaftler

haham
Rabbi

imam
Imam

keşiş
Mönch

rahip
Geistlicher

aletler
Werkzeuge

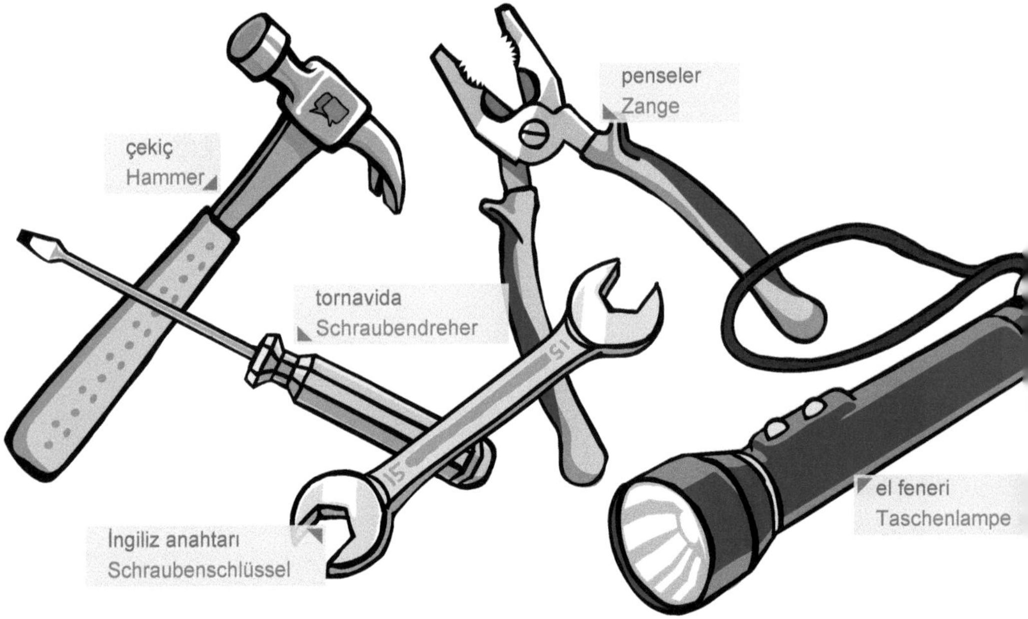
çekiç
Hammer
penseler
Zange
tornavida
Schraubendreher
el feneri
Taschenlampe
İngiliz anahtarı
Schraubenschlüssel

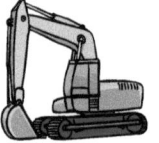

kazı makinesi

Bagger

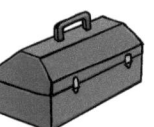

alet çantası

Werkzeugkasten

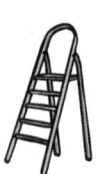

merdiven

Leiter

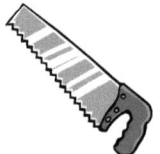

testere

Säge

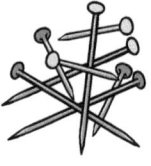

çiviler

Nägel

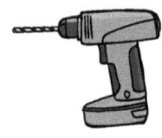

matkap

Bohrer

tamir etmek
reparieren

kürek
Schaufel

Kahretsin!
Mist!

faraş
Kehrblech

boya tenekesi
Farbtopf

vidalar
Schrauben

müzik enstrümanı
Musikinstrumente

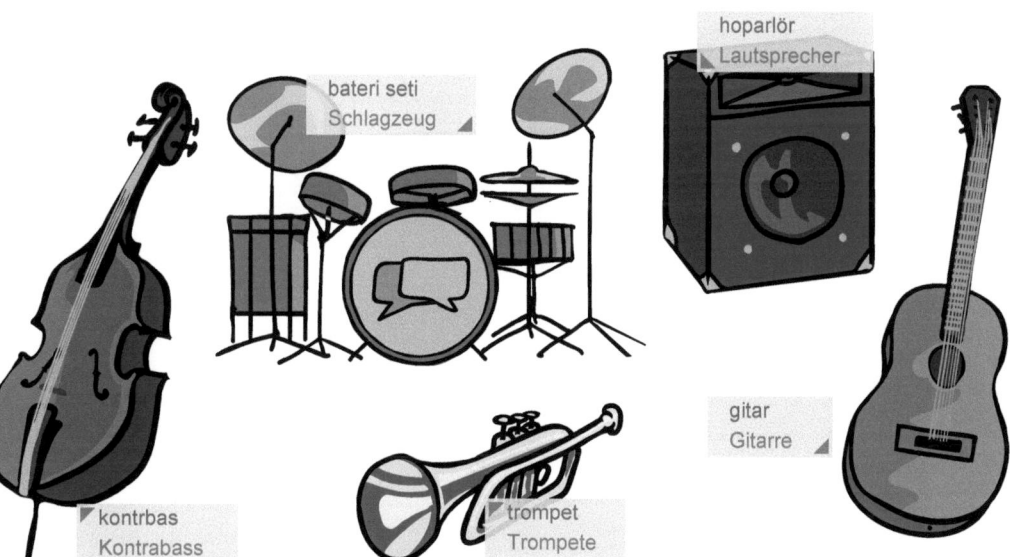

bateri seti
Schlagzeug

hoparlör
Lautsprecher

gitar
Gitarre

kontrbas
Kontrabass

trompet
Trompete

piyano

Klavier

keman

Violine

basgitar

Bass

timpani

Pauke

bateri

Trommeln

klavye

Keyboard

saksafon

Saxophon

flüt

Flöte

mikrofon

Mikrofon

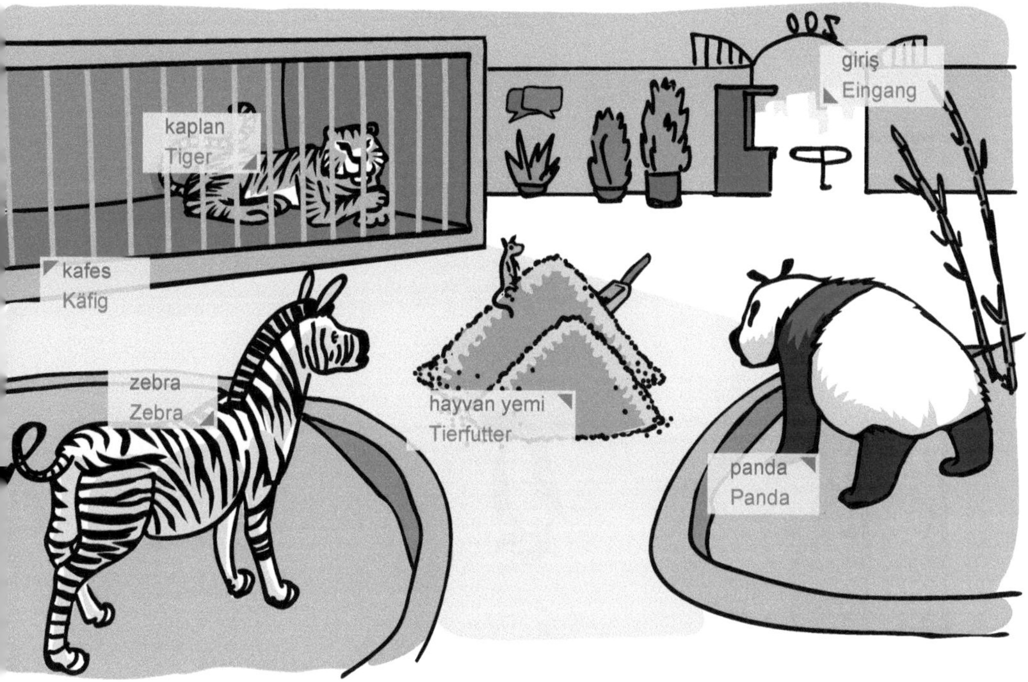

kaplan
Tiger

giriş
Eingang

kafes
Käfig

zebra
Zebra

hayvan yemi
Tierfutter

panda
Panda

hayvanlar

Tiere

fil

Elefant

kanguru

Känguru

gergedan

Nashorn

goril

Gorilla

ayı

Bär

deve
Kamel

deve kuşu
Strauß

aslan
Löwe

maymun
Affe

flamingo
Flamingo

papağan
Papagei

kutup ayısı
Eisbär

penguen
Pinguin

köpek balığı
Hai

tavus kuşu
Pfau

yılan
Schlange

timsah
Krokodil

hayvanat bahçesi görevlisi

Zoowärter

fok
Robbe

jaguar
Jaguar

midilli atı

Pony

leopar

Leopard

su aygırı

Nilpferd

zürafa

Giraffe

kartal

Adler

yaban domuzu

Wildschwein

balık

Fisch

kaplumbağa

Schildkröte

mors

Walross

tilki

Fuchs

ceylan

Gazelle

amerikan futbolu
American Football

bisiklete binme
Radfahren

tenis
Tennis

basketbol
Basketball

yüzme
Schwimmen

boks
Boxen

buz hokeyi
Eishockey

futbol
Fußball

badminton
Badminton

atletizm
Leichtathletik

hentbol
Handball

kayak
Skilaufen

polo
Polo

etkinlikler
Aktivitäten

atlamak
springen
sarılmak
umarmen
gülmek
lachen
yürümek
gehen
söylemek
singen
hayal etmek
träumen
dua etmek
beten
öpmek
küssen

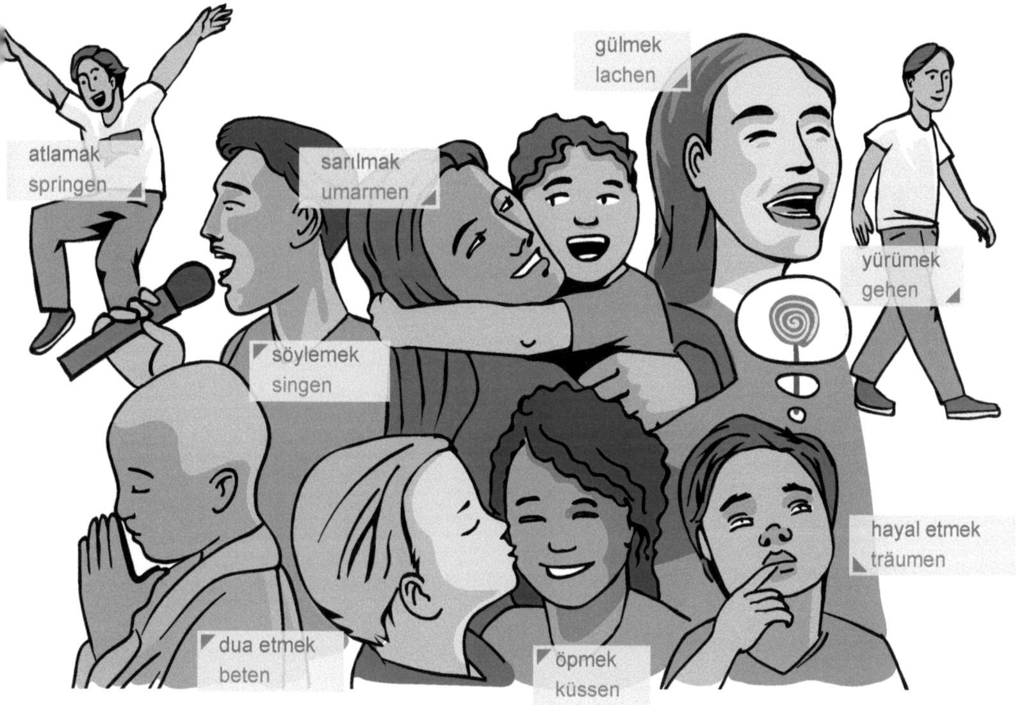

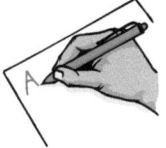

yazmak
schreiben

çizmek
zeichnen

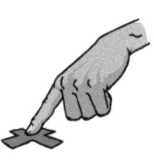

göstermek
zeigen

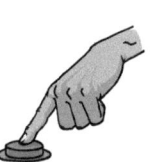

itmek
drücken

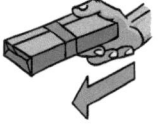

vermek
geben

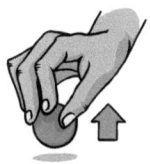

almak
nehmen

sahip olmak
haben

yapmak
tun

olmak
sein

ayakta durmak
stehen

koşmak
laufen

koşmak
laufen

çekmek
ziehen

atmak
werfen

düşmek
fallen

yalan söylemek
liegen

beklemek
warten

taşımak
tragen

oturmak
sitzen

giyinmek
anziehen

uyumak
schlafen

uyanmak
aufwachen

bakmak	**ağlamak**	**vurmak**
ansehen	weinen	streicheln

taramak	**konuşmak**	**anlamak**
kämmen	reden	verstehen

sormak	**dinlemek**	**içmek**
fragen	hören	trinken

yemek	**düzenlemek**	**sevmek**
essen	aufräumen	lieben

pişirmek	**sürmek**	**uçmak**
kochen	fahren	fliegen

denize açılmak

segeln

hesapla

rechnen

okumak

lesen

öğrenmek

lernen

çalışmak

arbeiten

evlenmek

heiraten

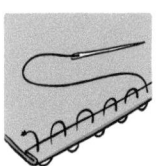

dikmek

nähen

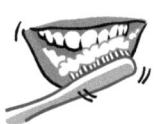

diş fırçalamak

Zähne putzen

öldürmek

töten

sigara içmek

rauchen

yollamak

senden

büyükanne
Großmutter

büyükbaba
Großvater

baba
Vater

anne
Mutter

bebek
Baby

kız
Tochter

oğul
Sohn

misafir

Gast

teyze

Tante

amca

Onkel

erkek kardeş

Bruder

kız kardeş

Schwester

vücut

Körper

alın
Stirn
göz
Auge
omuz
Schulter
parmak
Finger
yüz
Gesicht
çene
Kinn
el
Hand
bacak
Bein
göğüs
Brust
kol
Arm

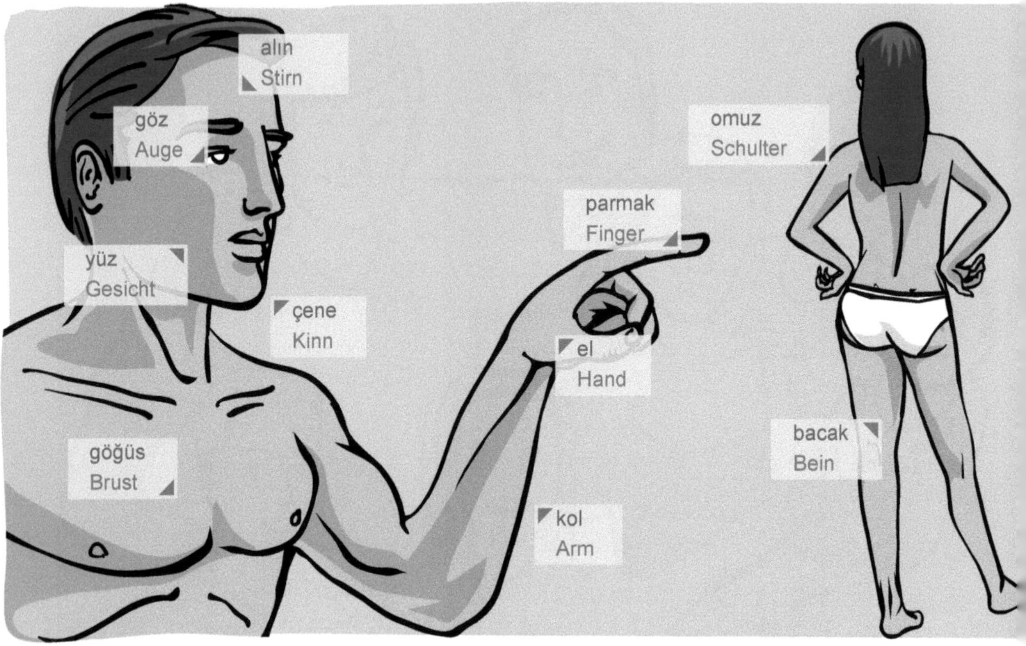

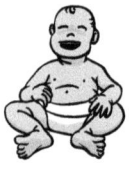

bebek

Baby

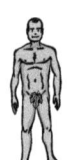

adam

Mann

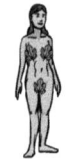

kadın

Frau

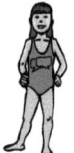

kız

Mädchen

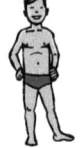

erkek çocuk

Junge

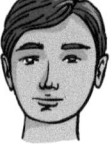

baş

Kopf

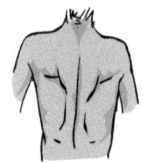

sırt

Rücken

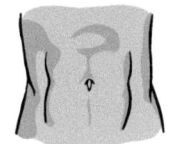

karın

Bauch

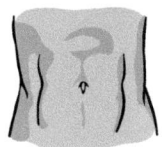

göbek

Nabel

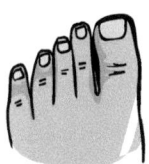

ayak parmağı

Zeh

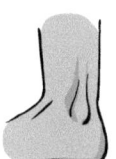

topuk

Ferse

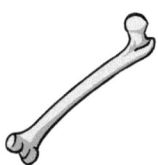

kemik

Knochen

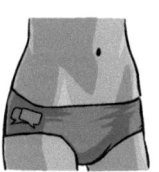

kalça

Hüfte

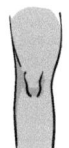

diz

Knie

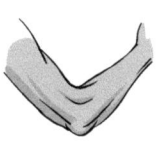

dirsek

Ellenbogen

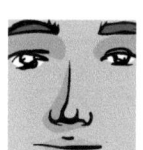

burun

Nase

kalça

Gesäß

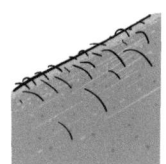

deri

Haut

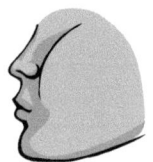

yanak

Wange

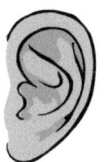

kulak

Ohr

dudak

Lippe

vücut - Körper

ağız

Mund

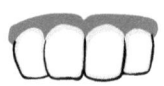

diş

Zahn

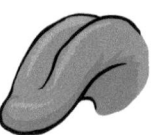

dil

Zunge

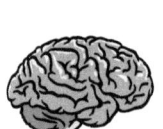

beyin

Gehirn

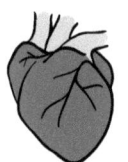

kalp

Herz

kas

Muskel

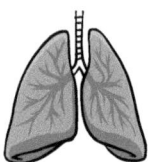

akciğer

Lunge

karaciğer

Leber

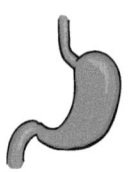

mide

Magen

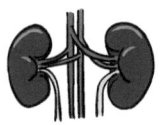

böbrekler

Nieren

seks

Geschlechtsverkehr

prezervatif

Kondom

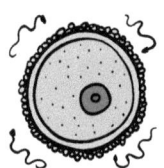

yumurtalık

Eizelle

sperm

Sperma

hamilelik

Schwangerschaft

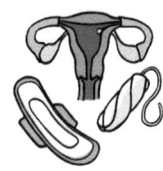

regl

Menstruation

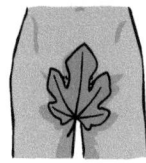

vajina

Vagina

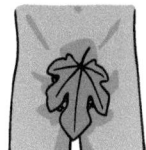

penis

Penis

kaş

Augenbraue

saç

Haar

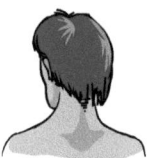

boyun

Hals

hastane
Krankenhaus

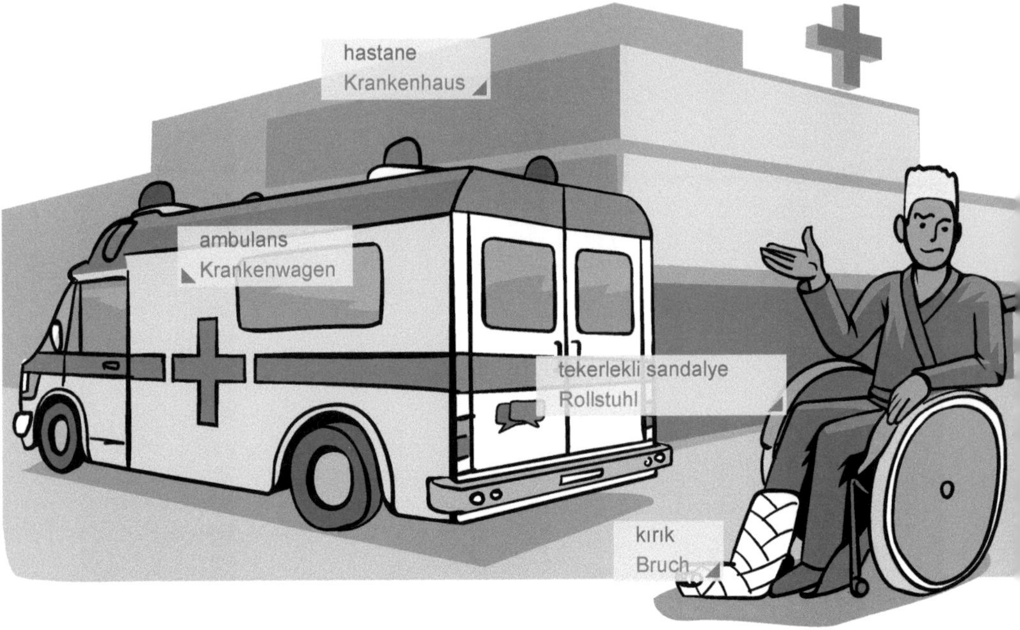

hastane
Krankenhaus
ambulans
Krankenwagen
tekerlekli sandalye
Rollstuhl
kırık
Bruch

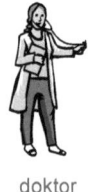

doktor
Arzt

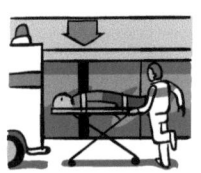

acil servis
Notaufnahme

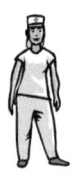

hemşire
Krankenschwester

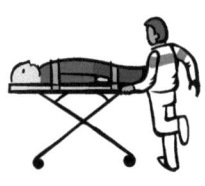

acil
Notfall

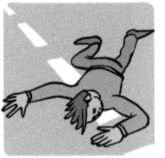

baygın
ohnmächtig

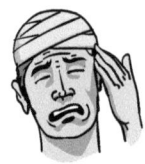

acı
Schmerz

yaralanma

Verletzung

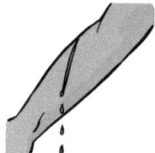

kanama

Blutung

kalp krizi

Herzinfarkt

felç

Schlaganfall

alerji

Allergie

öksürük

Husten

ateş

Fieber

grip

Grippe

ishal

Durchfall

baş ağrısı

Kopfschmerzen

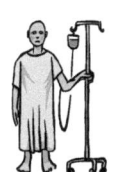

kanser

Krebs

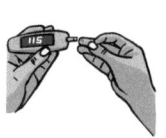

şeker hastalığı

Diabetis

cerrah

Chirurg

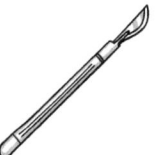

neşter

Skalpell

operasyon

Operation

bilgisayarlı tomografi
CT

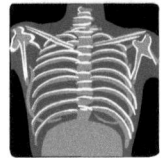

röntgen
Röntgen

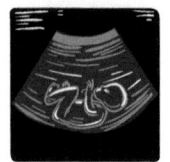

ultrason
Ultraschall

yüz maskesi
Maske

hastalık
Krankheit

bekleme odası
Wartezimmer

koltuk değneği
Krücke

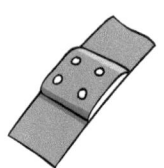

yara bandı
Pflaster

bandaj
Verband

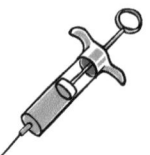

enjeksiyon
Injektion

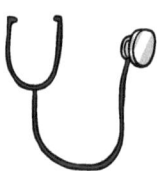

steteskop
Stethoskop

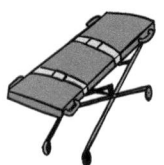

sedye
Trage

tıbbi termometre
Thermometer

doğum
Geburt

fazla kilo
Übergewicht

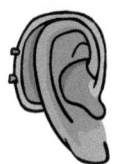

işitme cihazı

Hörgerät

dezenfektan

Desinfektionsmittel

enfeksiyon

Infektion

virüs

Virus

HIV / AIDS

HIV / AIDS

ilaç

Medizin

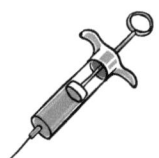

aşı

Impfung

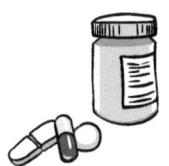

tablet

Tabletten

hap

Pille

acil çağrı

Notruf

tansiyon aleti

Blutdruck-Messgerät

hasta / sağlıklı

krank / gesund

İmdat! Hilfe!	 alarm Alarm	 darp Überfall
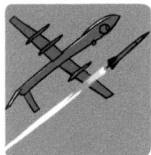 saldırı Angriff	 tehlike Gefahr	 acil çıkış Notausgang
Yangın! Feuer!	 yangın tüpü Feuerlöscher	 kaza Unfall
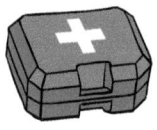 ilk yardım çantası Erste-Hilfe-Koffer	 imdat SOS	 polis Polizei

Avrupa

Europa

Kuzey Amerika

Nordamerika

Güney amerika

Südamerika

Afrika

Afrika

Asya

Asien

Avustralya

Australien

Atlantik

Atlantik

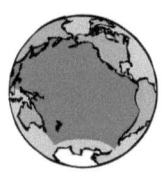

Pasifik

Pazifik

Hint Okyanusu

Indischer Ozean

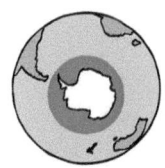

Antarktika Okyanusu

Antarktischer Ozean

Arktik Okyanusu

Arktischer Ozean

Kuzey Kutbu

Nordpol

Güney Kutbu
Südpol

Antarktika
Antarktis

dünya
Erde

kara
Land

deniz
Meer

ada
Insel

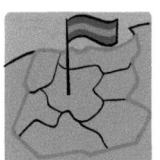

ulus
Nation

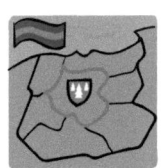

ülke
Staat

kadran

Zifferblatt

akrep

Stundenzeiger

yelkovan

Minutenzeiger

saniye ibresi

Sekundenzeiger

Saat kaç?

Wie spät ist es?

gün

Tag

zaman

Zeit

şimdi

jetzt

dijital saat

Digitaluhr

dakika

Minute

saat

Stunde

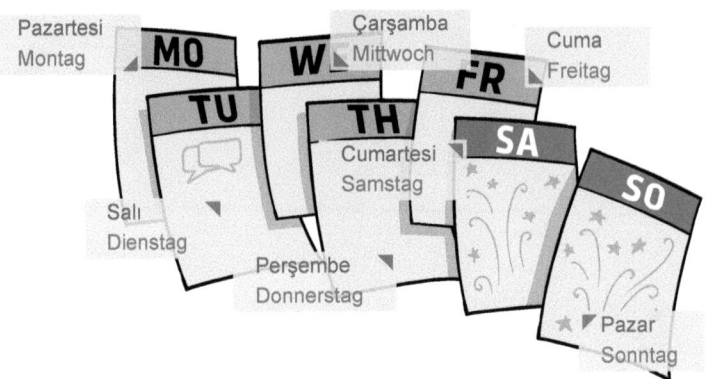

Pazartesi / Montag — MO
Salı / Dienstag — TU
Çarşamba / Mittwoch — W
Perşembe / Donnerstag — TH
Cuma / Freitag — FR
Cumartesi / Samstag — SA
Pazar / Sonntag — SO

dün
gestern

bugün
heute

yarın
morgen

sabah
Morgen

öğle
Mittag

akşam
Abend

iş günleri
Arbeitstage

hafta sonu
Wochenende

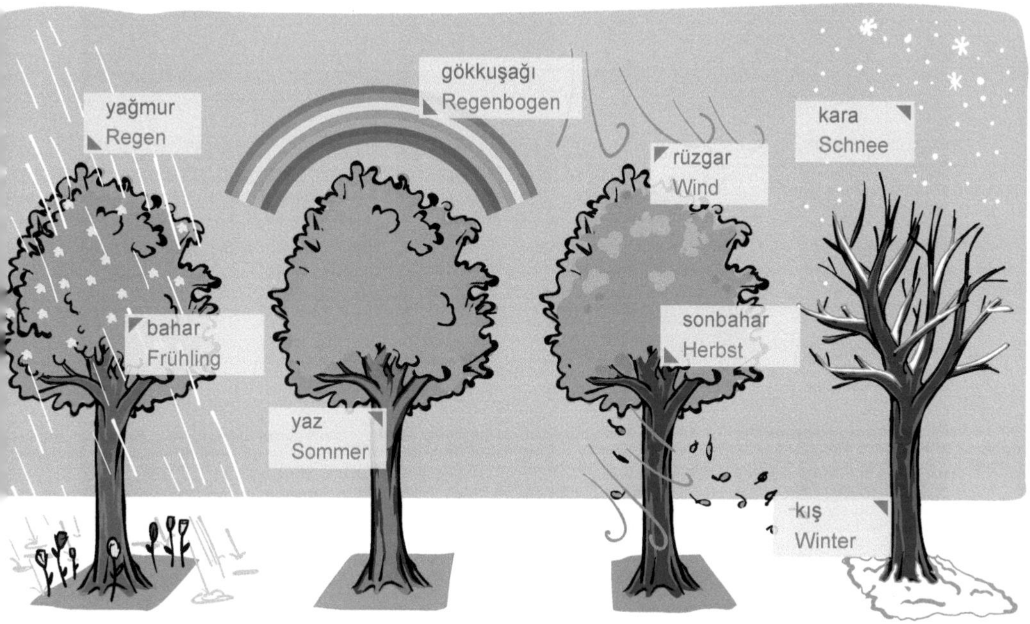

yağmur
Regen

gökkuşağı
Regenbogen

kara
Schnee

rüzgar
Wind

bahar
Frühling

sonbahar
Herbst

yaz
Sommer

kış
Winter

4.APRIL	11°	
5.APRIL	4°	
6.APRIL	13°	
7.APRIL	8°	
8.APRIL	10°	

hava durumu tahmini

Wettervorhersage

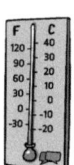

termometre

Thermometer

güneş ışığı

Sonnenschein

bulut

Wolke

sis

Nebel

nem

Luftfeuchtigkeit

şimşek

Blitz

gök gürültüsü

Donner

fırtına

Sturm

dolu

Hagel

muson

Monsun

sel

Flut

buz

Eis

Ocak

Januar

Şubat

Februar

Mart

März

Nisan

April

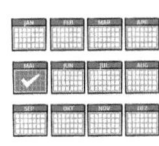

Mayıs

Mai

Haziran

Juni

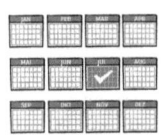

Temmuz

Juli

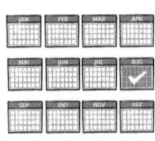

Ağustos

August

yıl - Jahr

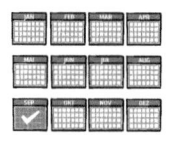

Eylül

September

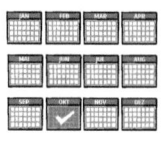

Ekim

Oktober

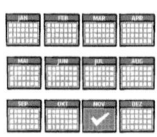

Kasım

November

Aralık

Dezember

daire

Kreis

kare

Quadrat

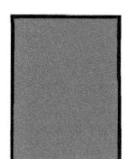

dikdörtgen

Rechteck

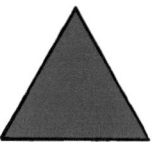

üçgen

Dreieck

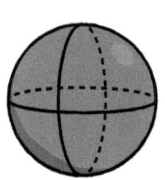

küre

Kugel

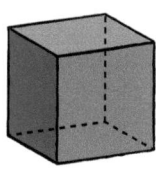

küp

Würfel

beyaz

weiß

sarı

gelb

turuncu

orange

pembe

pink

kırmızı

rot

mor

lila

mavi

blau

yeşil

grün

kahverengi

braun

gri

grau

siyah

schwarz

çok / az
viel / wenig

kızgın / sakin
wütend / friedlich

güzel / çirkin
hübsch / hässlich

başlangıç / son
Anfang / Ende

büyük / küçük
groß / klein

parlak / karanlık
hell / dunkel

erkek kardeş / kız kardeş
Bruder / Schwester

temiz / kirli
sauber / schmutzig

tamam / eksik
vollständig / unvollständig

gün / gece
Tag / Nacht

ölü / canlı
tot / lebendig

geniş / dar
breit / schmal

yenilebilir / yenilemez

genießbar / ungenießbar

kötü / iyi

böse / freundlich

heyecanlı / sıkılmış

aufgeregt / gelangweilt

şişman / zayıf

dick / dünn

ilk / son

zuerst / zuletzt

dost / düşman

Freund / Feind

dolu / boş

voll / leer

sert / yumuşak

hart / weich

ağır / hafif

schwer / leicht

açlık / susuzluk

Hunger / Durst

hasta / sağlıklı

krank / gesund

yasa dışı / yasal

illegal / legal

zeki / aptal

intelligent / dumm

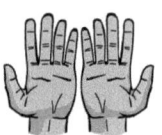

sol / sağ

links / rechts

yakın / uzak

nah / fern

yeni / kullanılmış

neu / gebraucht

hiçbir şey / bir şey

nichts / etwas

yaşlı / genç

alt / jung

açma / kapama

an / aus

açık / kapalı

offen / geschlossen

sessiz / gürültülü

leise / laut

zengin / fakir

reich / arm

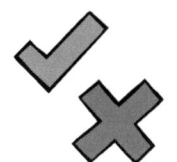

doğru / yanlış

richtig / falsch

pürüzlü / düz

rau / glatt

üzgün / mutlu

traurig / glücklich

kısa / uzun

kurz / lang

yavaş / hızlı

langsam / schnell

ıslak / kuru

nass / trocken

sıcak / serin

warm / kühl

savaş / barış

Krieg / Frieden

0

sıfır
null

1

bir
eins

2

iki
zwei

3

üç
drei

4

dört
vier

5

beş
fünf

6

altı
sechs

7

yedi
sieben

8

sekiz
acht

9

dokuz
neun

10

on
zehn

11

on bir
elf

12	**13**	**14**
on iki	on üç	on dört
zwölf	dreizehn	vierzehn

15	**16**	**17**
on beş	on altı	on yedi
fünfzehn	sechzehn	siebzehn

18	**19**	**20**
on sekiz	on dokuz	yirmi
achtzehn	neunzehn	zwanzig

100	**1.000**	**1.000.000**
yüz	bin	milyon
hundert	tausend	million

İngilizce

Englisch

Amerikan İngilizcesi

Amerikanisches Englisch

Çince (Mandarin)

Chinesisch Mandarin

Hintçe

Hindi

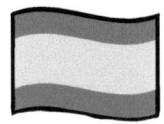

İspanyolca

Spanisch

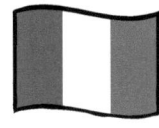

Fransızca

Französisch

Arapça

Arabisch

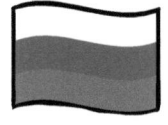

Rusça

Russisch

Portekizce

Portugiesisch

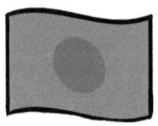

Bengalce

Bengalisch

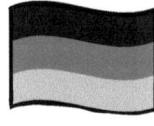

Almanca

Deutsch

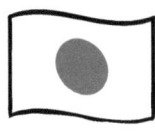

Japonca

Japanisch

ben
___
ich

sen
___
du

o
___
er / sie / es

biz
___
wir

siz
___
ihr

onlar
___
sie

kim?
___
wer?

ne?
___
was?

nasıl?
___
wie?

nerede?
___
wo?

ne zaman?
___
wann?

isim
___
Name

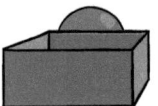

arkasında

hinter

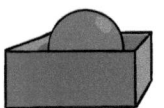

içinde

in

önünde

vor

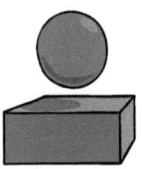

üzerinde

über

üstünde

auf

altında

unter

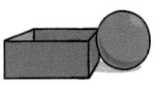

yanında

neben

arasında

zwischen

yer

Ort